BEI GRIN MACHT SICH IHR WISSEN BEZAHLT

Corporate Social Responsibility und Nachhaltigkeit in der Corporate Governance

Berrit Lambardt

Bibliografische Information der Deutschen Nationalbibliothek:

Die Deutsche Nationalbibliothek verzeichnet diese Publikation in der Deutschen Nationalbibliografie; detaillierte bibliografische Daten sind im Internet über http://dnb.d-nb.de abrufbar.

ISBN: 9783346894946
Dieses Buch ist auch als E-Book erhältlich.

Einsendeaufgabe

Alternative B

Abgegeben am 29. Dezember 2021 im eCampus

SRH Fernhochschule

Modul: Corporate Governance

Studiengang: Finance, Accounting, Controlling & Taxation

Von

Berrit Lambardt

Studiengang: Finance, Accounting, Controlling & Taxation

Inhaltsverzeichnis

Aufgabe 1

Die erste Aufgabe befasst sich mit der Erörterung und der Zielsetzung des Begriffs „Corporate Social Responsibility" sowie die damit einhergehende Berichtserstattung von Unternehmen.

Definition und Zielsetzung

Der Begriff Corporate Social Responsibility wird häufig durch CSR abgekürzt. Dieser stellt das Handeln von Unternehmen dar und die damit verbundenen Auswirkungen auf die Gesellschaft. Erstmalig wurde CSR von Howard R Bowen im Jahr 1953 verwendet. Anschließend wurde dieser Ausdruck über die Jahre immer weitergeführt. Anfangs diente der Begriff dazu, der Gesellschaft zu zeigen, dass mächtige Unternehmen einen großen wirtschaftlichen Einfluss haben und diesen nicht ausnutzen sollten, sondern ihren Mitmenschen, also der gesamten Gesellschaft, etwas Gutes tun sollten.[1]

Corporate Social Resposibility gibt wieder, wie nachhaltig Unternehmen wirtschaften. In diesem Sinne sind die Unternehmen selbst dafür schuldtragend, wie nachhaltig ihre Leistungen sind. Die Unternehmen tragen also die Verantwortung dafür, wie sie ihre Leistungen nach außen bringen. In der Praxis wird der Begriff Corporate Social Resposibility häufig mit dem Begriff Nachhaltigkeit gleichgesetzt. CSR meinte jedoch das Konzept beziehungsweise die Strategie, auf welche Art Unternehmen das Ziel der Nachhaltigkeit unter der Berücksichtigung von drei verschiedenen Aspekten umsetzen können und nicht das Ziel Nachhaltigkeit selbst. Die gewählte Strategie und die damit einhergehende Umsetzung von CSR ist nicht in allen Unternehmen gleich. Unternehmen unterscheiden sich beispielsweise anhand ihrer Branche und haben somit unterschiedlich ausgerichtete Ziele und dahinter liegende Prozesse. Dadurch müssen die Unternehmen das Konzept zur Umsetzung von Corporate Social Responsibility variabel an den eigenen Prozessen ausrichten und haben somit verschiedene Herausforderungen, die damit einhergehen. Sollten Unternehmen dies nicht berücksichtigen, so wird es schwierig die eigenen Unternehmensziele und den geplanten Erfolg zu erreichen. Dies hat dann zur Folge, dass eine positive Repräsentation nach außen nicht erfolgen kann.[2]

Anfänglich wurde in Bezug auf Corporate Social Resposibility nur die Ökologie fokussiert. Bei späteren Forschungen hat sich jedoch herausgestellt, dass das Ziel der Nachhaltigkeit nicht erreicht werden kann, wenn ökonomische und soziale Aspekte von den Unternehmen nicht beachtet werden. Daher teilt sich CSR in drei verschiedene Komponente auf, welche alle eine gleich große Rolle spielen, miteinander wirken und nicht

---

[1] Vgl. Helmond (2021), S. 141-142.
[2] Vgl. Bundesministerium für Arbeit und Soziales.

übereinandergestellt werden. Diese drei Bereiche setzen sich aus der Ökonomie, Ökologie und dem sozialen Bereich zusammen. Es gibt verschiedene Modelle, welche auf-
gestellt wurden, um Corporate Social Resposibility zu visualisieren und Inhalte darzu-
stellen. Oft wird vom Vier-Phasenmodell von Caroll gesprochen, welches in einer Pyra-
mide die verschiedenen Verantwortungsbereiche widerspiegelt. Dies soll ausdrücken,
dass ein verantwortungsbewusstes Verhalten der Unternehmen gegenüber der Gesellschaft erforderlich ist. Die Pyramidenform soll zeigen, dass einige Bereiche vorhanden
sein müssen, damit andere ebenfalls umgesetzt werden können. So bedingen einige
Bereiche andere, da die Umsetzung sonst nicht möglich wäre. Ein ebenfalls bekanntes
Modell ist das Drei-Säulenmodell. Dieses hingegen zeigt die gegenseitige Abhängigkeit
aller Bereiche. Damit ist gemeint, dass alle Bereiche gleichermaßen vorhanden sein
müssen, damit das Ziel der Nachhaltigkeit erreicht werden kann. (Die drei Bereiche
werden in der darauffolgenden Aufgabe in Bezug auf die Nachhaltigkeit genauer erläutert).[3]

Corporate Social Resposibility bezieht sich auf alle Unternehmen und nicht wie der Deutsche Corporate Governance Kodex, oder auch DCGK, hauptsächlich auf börsenorientierte Unternehmen. Hierfür gibt es verschiedene national und international ausgelegte
Leitlinien. Beispiele hierfür sind die OECD-Leitsätze, die ILO-Grundsatzerklärung, der
UN Global Compact oder die ISO 26000. All diese Leitlinien beinhalten Vorgaben, wie
beispielsweise ein effizienter Einsatz von natürlichen Ressourcen oder wie ein zielorien-
tierter Personaleinsatz und -umgang aussehen kann. Ebenfalls vermitteln diese Leitlinien den Umgang mit Transparenz und ehrlichem Handeln in internen und externen Prozessen sowie die Umsetzung von Klima- und Umweltschutz. Der Einsatz von CSR ist für
Unternehmen keine Vorschrift und somit nicht verpflichtend, sondern geht im eigenen
Interesse des Unternehmens über die gesetzlichen Vorschriften hinaus. Es dient den
Unternehmen jedoch beim Erzielen des Unternehmenserfolgs und stellt dadurch einen
indirekten positiven Effekt dar, welcher sich auf mittlere bis längerfristige Sicht bemerk-
bar macht. Dieser Effekt muss nicht ausschließlich an wirtschaftlichen Zahlen, wie dem
Gewinn sichtbar sein, sondern Ergebnisse werden sich auch in dem allgemeinen Einsatz
der Ressourcen im Unternehmen widerspiegeln.[4]

Da es keine einheitliche Begriffsdefinition für Corporate Social Responsibility gibt, gehen
die Unternehmen die eigenen Umsetzungsmöglichkeiten unterschiedlich an. Eine große
Rolle hierbei spielt das Branchenumfeld und auch das eigene Interesse. Darüber hinaus
gibt es Differenzen bei der Betrachtung des Begriffs, welche sich beispielsweise

---

[3] Vgl. BMAS & Helmond (2021), S. 146.
[4] Vgl. BMAS.

aufgrund von europaweit und weltweit unterschiedlichen Wirtschafts- und Politiksystemen zurückführen lässt. Diese zeigt eine variierende Auseinandersetzung mit dem Begriff durch die weitergehende Entwicklung und die aktuelle Forschung. Aus diesem Grund fokussieren sich einige Unternehmen auch häufig nur auf einen Aspekt von CSR anstelle alle Nachhaltigkeitsbereiche mit abzudecken. Es hat sich mittlerweile jedoch herausgestellt, dass sich Unternehmen in der heutigen Zeit nicht mehr am Markt etablieren können und Standhaftigkeit zeigen, wenn sie Corporate Social Responsibility nicht in ihren Prozessen einbauen und das Ziel der Nachhaltigkeit nicht verfolgen.[5]

Berichterstattung von Unternehmen

Da das Thema Corporate Social Resposibility über die vergangenen Jahre einen immer höheren Stellenwert in der Gesellschaft erhalten hat, gibt es im Hinblick auf die Berichterstattung für Unternehmen mittlerweile verschiedene Vorlagen. So sind beispielsweise börsenorientierte Unternehmen in Deutschland zur Berichterstattung im Geschäftsbericht verpflichtet. Diese Vorgabe wurde durch den Deutschen Corporate Governance Kodex entschieden.

Im Jahr 2014 hat das Europäische Parlament einen Beschluss über die Berichterstattung in Unternehmen festgelegt. Dieser besagt, dass Unternehmen mit mehr als 500 Beschäftigten und die zugleich in der Öffentlichkeit stehen, also ihr Umsatz bei über 40 Millionen Euro liegt, dazu verpflichtet sind über Nachhaltigkeit zu berichten. Somit wurde erstmalig eine Corporate Social Resposibility Richtlinie verabschiedet. Diese Richtlinie richtet sich nicht nur an Unternehmen, welche sich am Kapitalmarkt orientieren, sondern ebenfalls für beispielsweise Finanzdienstleister, Versicherungsunternehmen oder auch Kreditinstitutionen. Drei Jahre später wurde diese Richtlinie innerhalb von Deutschland als nationales Recht im Jahr 2017 erweitert. Das bedeutet, dass Unternehmen, welche den drei nachhaltigen Bereichen unterliegen offenlegen müssen, dass sie die Menschenrechte einhalten, den Anti-Korruptionsbedingungen unterliegen und die Bereiche der Nachhaltigkeit berücksichtigen. Schlussendlich müssen mit diesem Beschluss immer mehr kleine und mittelständische Unternehmen eine Berichterstattung leisten. Darüber hinaus gab es am 21. April 2021 einen weiteren Vorschlag über die Erneuerung der CRS Richtlinie, welche durch die EU-Kommission erfolgte. Diese Erweiterung besagt, dass Unternehmen mit mehr als 250 Beschäftigten anstelle von 500 Beschäftigten zur Berichterstattung verpflichtet werden. Hierbei ist dann nicht mehr von Bedeutung, ob es sich bei diesen Unternehmen von börsenorientierten Unternehmen handelt oder nicht. Zudem sollen kleine und mittelständische Unternehmen, mit mehr als zehn Beschäftigen, welche börsenorientiert sind ebenfalls zur Berichterstattung verpflichtet

---

[5] Vgl. Schmidtpeter (2015), S. 17-19.

werden. Sollte diese Erneuerung verabschiedet werden so gelten die Regeln für die Berichterstattung für das Jahr 2023. Die Regel für Unternehmen mit mehr als zehn Personen wird jedoch erst zum Jahr 2026 wirksam. Zusätzlich soll die Berichterstattung in Zukunft durch Externe geprüft und bestätigt werden. Hierbei handelt es sich von keiner inhaltlichen Prüfung, sondern nur, ob ein Bericht oder eine Ausfallerklärung vorliegt. Für diese Prüfung und deren Folgen ist das Management verantwortlich.[6]

Unternehmen, welche dieser Berichterstattung unterliegen haben keine genauen Vorgaben, wie ein solcher Nachhaltigkeitsbericht aussehen soll. Grundlegende Standards sind in den UN-Leitprinzipien, der ISO 26000 und den OECD-Leitsätzen wiederzufinden. Zur Orientierung gibt es durch die Global Reporting Initiative ein Standard, an dem sich die Unternehmen zum Report und zur Analyse ihres Unternehmens anlehnen können. Die wichtigsten Standards sind für die unterschiedlichen Unternehmensformen und -größen die GRI, DNK (Deutsche Nachhaltigkeitskodex) und der UN Global Compact. Abgesehen von der Pflicht vieler Unternehmen verfolgen immer mehr Unternehmen diese Standards und verfolgen die Umsetzung. Sollten Unternehmen diese verpflichtende Informationspflicht als Berichterstattung auslassen, so wird eine Erklärung erforderlich. Diese soll für Dritte nachvollziehbar ausdrücken, warum kein Bericht erfolgt. Da es für die deutschen Unternehmen in der erweiterten Richtlinie aus dem Jahr 2017 ebenfalls keine konkreten Vorgaben zur Berichterstattung gibt, orientieren sie sich gleichermaßen an den Standards und sind somit flexibel. Wenn Unternehmen sich an diesen Standards orientieren, müssen sie mitteilen, welche sie genutzt haben. Zusätzlich müssen sie mitteilen, falls sie keine dieser Standards als Vorlage genutzt haben und erläutern, wieso dies nicht erfolgt ist. Für die Unternehmen ist nicht vorgeschrieben in welcher Form sie diesen CSR Bericht veröffentlichen. Sie können einen einzelnen Bericht für diesen Bereich publizieren oder diesen auch als Teil des Konzernberichts mitteilen. Sollte es dazu kommen, dass Unternehmen die vorgegebenen CSR Richtlinien nicht beachten und die Berichterstattung nicht erfüllen, so können die Unternehmen Strafen in Form von Bußgeldern in der Höhe von bis zu 10 Millionen Euro verhängt werden.[7]

Insgesamt soll mit der Berichterstattung über Corporate Social Responsibility das Ziel verfolgt werden Transparenz über soziale, ökologische und ökonomische Bereiche im Unternehmen zu schaffen. Anhand der in den Standards dargestellten Kriterien, oder auch festen Kennzahlen haben Unternehmen die Möglichkeit diese Bereiche nachvollziehbar abzubilden. Dies dient den Unternehmen intern ebenfalls die Umsetzung des aktuellen Jahres mit den vergangenen Jahren zu vergleichen und daraus neue

---

[6] Vgl. BMAS.
[7] Vl. BMAS.

nachhaltige Ziele zu vereinbaren. Somit handelt es sich nicht nur um eine reine Berichtserstattung, denn das Unternehmen kann die Ergebnisse besser bei neuen und bestehenden Prozessen berücksichtigen und gegebenenfalls anpassen oder integrieren. Zusätzlich haben die Unternehmen die Möglichkeit sich anhand der Nachhaltigkeitsberichte mit anderen Unternehmen zu vergleichen und die Konkurrenz am Markt besser einschätzen. Nicht nur dem Unternehmen dienen diese nicht-finanziellen Berichte einen Vorteil, sondern auch Stakeholder sind immer mehr an Berichten dieser Art interessiert und machen ihre Entscheidungen mit von dieser Analyse abhängig.[8]

Bei der Erstellung von CSR Berichten sollten die Unternehmen darauf achten, dass sie alle wesentlichen Nachhaltigkeitsthemen, welche das Unternehmen betreffen, offenlegen. Falls diese wettbewerbsrelevant sind, können Sie in einer Erklärung begründen, warum sie bestimmte Ansätze nicht veröffentlichen. Generell sollten sich der Bericht auf die Hauptaspekte beziehen und einfach und verständlich geschrieben sein, sodass er für alle einfach nachzuvollziehen ist. Zur Veranschaulichung können vergleichbare Darstellungen der Differenzen aus der Vergangenheit mit entsprechenden Erläuterungen zum aktuellen Stand gezeigt werden. Damit wird der Bericht transparenter und Dritte, wie Stakeholder, können die Erläuterungen besser einordnen. Zur Verstärkung der Glaubwürdigkeit des CSR Berichts kann die Geschäftsführung eine Stellungnahme zu diesem Bericht schreiben. Darüber hinaus dienen Analysen und Stellungnahmen von Externen Betrachter ebenfalls wirksam.[9]

---

[8] Vgl. BMAS.
[9] Vgl. BMAS.

Aufgabe 2

Begriffsursprung

Der Begriff Nachhaltigkeit wurde im 19. Jahrhundert erstmalig in Deutschland verwendet. Dieser wurde anfangs mit der Dauerhaftigkeit und der Erhaltung von Vorräten in Verbindung gebracht. Meistens bezog sich der Begriff zu Beginn auf die landwirtschaftlichen und forstwirtschaftlichen Aspekte. Später kam es dann zu einer Vermischung der Begriffe Nachhaltigkeit und der Entwicklung. Ausgelöst wurde diese Vermischung beider Begriffe durch die Einführung der „Sustainable Developement" durch die UNCED UN-Konferenz für Umwelt und Entwicklung. Diese durch die Vereinten Nationen festgelegten 17 Ziele gelten weltweit und befassen sich mit der Entwicklung im nachhaltigen Rahmen. Werden diese Begriffe wortwörtlich in die deutsche Sprache übersetzt, so wird das Wort Entwicklung mit eingebracht. Losgelöst voneinander stellen die beiden Begriffe unterschiedliche Zielrichtungen dar, welche jedoch kombiniert miteinander eine andere Bedeutung haben. So bezieht sich die Entwicklung auf die zukünftige Veränderung und die Nachhaltigkeit auf den bedachten Umgang mit Ressourcen. Die Folge dieser Vermischung beider Begriffe ist eine neue Konfrontation und eine neu angeregte Denkweise der Menschen oder auch der Gesellschaft über die Umweltauswirkungen und damit verbundene Probleme.[10]

Insgesamt soll die Nachhaltigkeit dazu beitragen, dass sich Unternehmen und auch allgemein die Gesellschaft vor sich selbst und gegenseitig schützen. Dies funktioniert, indem ein nachhaltiger Umgang mit den Ressourcen und den Mittmenschen herrscht. Nachhaltigkeit wird als kein vorgeschriebenes Gesetz bezeichnet, dient allerdings als eine Art Richtlinie, an der sich die Unternehmen orientieren können. Gerade für Unternehmen ist das nachhaltige Handeln von großer Bedeutung, wenn sie sich am Markt etablieren wollen. Zeigen Unternehmen nicht, dass sie gegenüber der Gesellschaft nachhaltig Handeln, so erhalten sie keine Akzeptanz bei ihren Zielgruppen, wie beispielsweise Stakeholdern und anderen Interessenten. Hierfür sind Verantwortungsbewusstsein und Kooperationsbereitschaft vorausgesetzt, da diese einen dauerhaften Zyklus darstellen müssen, damit die Unternehmen erfolgreich agieren können.[11]

Auf Grundlage dessen entstand das Dreisäulenmodell welches sich aus dem ökologischen, ökonomischen und dem sozialen Aspekt zusammensetzt. Alle drei Komponenten sind gleichermaßen wichtig und stehen nicht übereinander.

---

[10] Vgl. Zimmermann (2016), S. 3-5.
[11] Vgl. Corsten/Roth (2012), S. 1-2.

Wie bereits in Aufgabe 1 beschrieben, behandelt der Begriff Nachhaltigkeit den ökologischen, sozialen und ökonomischen Aspekt. Im folgenden Abschnitt werden diese drei Kriterien ausführlicher erklärt.

Ökologischer Aspekt

Das deutsche Grundgesetzt verankert Ziele, welches die Gesellschaft und die Unternehmen aufruft, ökologisch nachhaltig zu handeln. Der ökologische Aspekt der Nachhaltigkeit bezeichnet die Erhaltung der Ressourcen mit der Unterscheidung zwischen erneuerbaren und nicht-erneuerbaren Ressourcen. Die Forderung oder auch die Regel ist, dass nicht mehr Ressourcen abgebaut werden dürfen, als die Regenerationsrate hoch ist. Das bedeutet, dass die Menge der vorhandenen Ressourcen mindestens konstant sein muss und die Menge bestimmter Ressourcen nicht unterschritten werden darf. Bei dieser Regel können nicht alle Ressourcen gleichermaßen miteinander verglichen werden, da sie sich in ihrer Beschaffenheit und der Nutzung unterscheiden. Im Bereich der ökologischen Nachhaltigkeit wird zudem zwischen der starken und der schwachen Nachhaltigkeit unterschieden. Die schwache Nachhaltigkeit meint, dass die Erhaltung des Kapitals unabhängig von der Art und Aufteilung des Kapitals ist. Hingegen behauptet die starke Nachhaltigkeit, dass das Naturkapital erhalten bleiben muss, da keine anderen Kapitalarten das Naturkapital ersetzen oder austauschen können. Insgesamt gibt es verschiedene Ansätze für die Aufstellung von Nachhaltigkeitsregeln. Die Regel der „Ausgewogenen Nachhaltigkeit" vereint die Ansätze der schwachen, sowie der starken Nachhaltigkeit. In erster Linie soll hierbei das allgemeine Wachstum gefordert werden. Ebenfalls besagt diese Regel, dass das Naturkapital nicht vollständig, jedoch zum Teil durch andere Kapitalarten ersetzt werden kann. Somit entsteht eine Verbindung aus beiden Ansätzen, wodurch bessere Umweltbedingungen herbeigeführt werden sollen. Alle Ansätze besagen, dass sich das gesamte Kapital von nicht-erneuerbaren Ressourcen nicht schmälern darf und die aktuelle Ausbringung beibehalten werden muss. Allgemein wird wie in der ausgewogenen Nachhaltigkeitsregel behauptet, dass ein geringer Teil des Naturkapitals austauschbar sei.[12]

Sozialer Aspekt

Im allgemeinen Sinne stellt der soziale Aspekt zunächst die Sicherstellung der Grundbedürfnisse für alle dar. Es gibt verschiedene Gruppen, zwischen denen die soziale Komponente erforderlich ist. Nicht nur im privaten Alltag, sondern auch im beruflichen Umfeld ist diese in Bezug auf die Kontakte zwischen dem Unternehmen und ihren Mitarbeitern oder nach außen zu ihren Kunden und Interessenten wie Stakeholdern wichtig.

---

[12] Vgl. Hauff/Kleine (2009), S. 24-26.

Unter den Grundbedürfnissen ist das Minimum wie Freiheit und Selbstverwirklichung im privaten Bereich zu verstehen. Auf Unternehmensebene bezeichnet der soziale Aspekt das Bedürfnis nach Erwerbstätigkeit, Weiterentwicklungschancen sowie gerechte Arbeitsbedingungen. Zur Prävention sollen Maßnahmen geschafft werden, damit negativen Auswirkungen entgegengewirkt werden können. Ein Beispiel dafür sind Sozialversicherungen, welche die Menschen absichern, eine Hilfe für sozial Benachteiligte darstellt und diese Benachteiligung im gut möglichsten Maße vermeidet. Weiterhin sollen Sicherungssysteme in dieser Form wirtschaftlich weiterwachsen. Damit dies erfolgreich umgesetzt werden kann, ist die gegenseitige Unterstützung und Gefälligkeit gegenüber den Mitmenschen in der Gesellschaft die Voraussetzung. Dazu gehört ebenfalls ein bestimmtes Werteverständnis, wie Vertrauen und Nachempfinden. Wenn die Gesellschaft und die Unternehmen derartige Voraussetzungen beachten und umsetzten, können sie zum Wohl der Gemeinschaft beitragen und negative Auswirkungen vermeiden.[13]

Ökonomischer Aspekt

Der ökonomische Aspekt der Nachhaltigkeit umfasst den wirtschaftlichen Teil der Nachhaltigkeit. Bei diesem Aspekt soll mithilfe von Sicherheit und Wachstum das Ziel der Vermögenssteigerung geschaffen werden. Aus ökonomischer Sicht soll immer ein Gleichgewicht geschaffen werden, welches mit Berücksichtigung des magischen Vierecks erreicht werden kann. Die Kernziele des magischen Vierecks sind die Preisstabilität, Beschäftigung, außerwirtschaftliches Gleichgewicht und Wachstum. All diese Ziele haben eine gleich hohe Bedeutung stehen aber auch im Konflikt zueinander. Daher besteht die Herausforderung darin, alle Ziele im bestmöglichen Maße umzusetzen, sodass die Vermögenssteigerung geschaffen werden kann. Bei der Umsetzung dieser Ziele, soll darauf geachtet werden, dass das eigene Wohl so vorangetrieben werden soll, dass es dem Gemeinwohl nicht schadet, sondern ebenfalls vorangetrieben werden kann. Dies setzt voraus, dass für alle Beteiligten eine ausgeglichene Markt- und Wettbewerbsbedingung besteht.[14]

Der im Jahr 1983 veröffentlichte Brundtland-Bericht weist ebenfalls auf den weiteren Umgang mit der nachhaltigen Entwicklung hin. In diesem Bericht wird im Hinblick auf die Zukunft eine kritische Stellung zum Thema Nachhaltigkeit und dem Dreisäulenmodell erhoben. Bei dem Dreisäulenmodell werden die einzelnen Bereiche losgelöst voneinander betrachtet, sollen jedoch miteinander agieren und das bestmögliche Ergebnis erzielen. Dies ist jedoch nicht immer möglich, da sich nicht alle Aspekte miteinander vereinbaren lassen. Somit zeigt das Dreisäulenmodell eine theoretische Darstellung, welche

---

[13] Vgl. Hauff (2007), S. 253-254.
[14] Vgl. Becker (2001) & Kopfmüller (2001), S. 84-86.

real in der Praxis nicht so einfach umzusetzen ist. Die Gesellschaft soll angeregt werden über das Leben der jetzigen Generationen und den Umgang mit Ressourcen nachzudenken und daraus Schlussfolgerungen für die Umstände der nachfolgenden Generationen absehen. Ebenfalls wird die Aufmerksamkeit auf die Armutsverhältnisse in den Drittländern und die Zerstörung der Umwelt verwiesen. So wird appelliert, dass sich die Menschen nicht nur selbst schützen sollen, sondern auch die Umwelt.[15]

Nachhaltigkeit in Unternehmen

Die Nachhaltigkeit bezieht sich im ersten Blick auf die politische und gesellschaftliche Ebene, kann aber beim Weiterdenken auf Unternehmen bezogen werden. Heutzutage haben Unternehmen keine Chance mehr das Thema Nachhaltigkeit zu umgehen, wenn sie sich am Markt etablieren und erfolgreich wirtschaften wollen. Unternehmen versprechen sich durch die intensive Beschäftigung und Umsetzung von Nachhaltigkeit im Unternehmen Wettbewerbsvorteile am Markt und gehen daher stark auf fordernde Interessen ihrer Stakeholder ein. Kleineren Unternehmen fehlen die Ressourcen, damit sie sich genauso stark mit dem Thema Nachhaltigkeit auseinandersetzen können wie große Unternehmen. Aktuell stehen nicht mehr Aspekte wie die Wirtschaftlichkeit von Kosten und Umsatz im Fokus, sondern darüber hinaus die Umsetzung von Nachhaltigkeit. Dadurch hat das Management die Aufgabe, sich mit anderen Zielen, wie dem der Nachhaltigkeit auseinanderzusetzen. Die neuen ökologischen und sozialen Werte bekommen zunehmend Bedeutung und müssen vom Management gleichermaßen beachtet werden. Gerade Unternehmensinteressenten wie Stakeholder und Kunden zeigen ein starkes Interesse an derartigen Informationen. Aus unternehmerischer Sicht bekommt das „wie" damit eine größere Bedeutung. Verlangt werden nicht nur noch die Ergebnisse der Erzeugnisse, sondern ebenfalls wie der Prozess dahinter abgelaufen ist und welche Ressourcen in welchem Maße beispielsweise eingesetzt wurden. Das bedeutet, dass die Unternehmen umdenken müssen und die Strategie und Prozesse so anpassen, dass nicht nur das eigene Interesse berücksichtigt wird, sondern auch das der Stakeholder. Somit hat der externe Einfluss heutzutage einen deutlich stärkeren Einfluss auf den Unternehmenserfolg als je zuvor, denn die Indizien über das Thema Nachhaltigkeit sind den äußeren Interessenten häufig wichtiger als der Umsatz. Das Umdenken fand bereits im Jahr 2000 statt, wodurch den Unternehmen bewusst gezeigt wurde, dass nicht nur der eigene, sondern auch der Zusatznutzen für die Gesellschaft wichtig ist.

Für die Unternehmen gibt es immer mehr Vorgaben und gesetzliche Regelungen, die bedingen, dass sich mit dem Thema Nachhaltigkeit beschäftigt wird. Sie müssen sich also an bestimmte Regularien halten, um die Nachhaltigkeit umzusetzen. Diese

---

[15] Vgl. Zimmermann (2016), S. 3-5.

Vorgaben werden durch die Bundesregierung erstellt und zeigen, dass Unternehmen dazu beitragen müssen, damit die Ziele erreicht werden können. Durch die Veränderungen im wirtschaftlichen und umweltlichen Kontext zeigen die stetigen Änderungen, welche Einfluss auf Unternehmen nehmen. Beispiele dafür sind Preissteigerungen und die Knappheit der Ressourcen, sowie das sich stetig wandelnde Klima. Diese Einflussfaktoren bewirken die Erstellung von Vorlagen durch die Gesetzgebung, an die sich die Unternehmen halten müssen. Es gibt bisher trotz einiger für kapitalmarktorientierte Unternehmen keine genauen einheitlichen Vorgaben, wie Unternehmen mit dem Thema Nachhaltigkeit umgehen müssen und was zu beachten ist. Unternehmen können sich beispielsweise an dem Dreisäulenmodell orientieren. Wenn die Unternehmen ihre eigenen Prozesse und Strategien auf diese Aspekte individuell anpassen, können sie mittel- bis langfristig nachhaltige Ziele erreichen. So können sie ihr Wirtschaften so ausrichten, dass sie einen minimalen Einsatz der Ressourcen haben und die verschiedene Kapitalarten nicht minimiert, sondern gegebenenfalls erhalten bleiben oder sich sogar vermehren.[16]

---

[16] Vgl. Zimmermann (2016), S. 12-15

Aufgabe 3

Die interne und externe Kommunikation dienen als wichtiger Indikator in Unternehmen. Hierbei spielt es keine Rolle, um welches Unternehmen in welcher Art, Größe oder welchen Bereich es sich handelt. In allen Unternehmen ist eine erfolgreiche und transparente Kommunikation erforderlich. Alle Personen, die eine Verbindung zu dem Unternehmen haben, kommunizieren täglich. Es ist egal, ob es sich bei diesen Personen um Mitarbeiter, Führungskräfte oder Kunden handelt. Aufgrund der verschiedenen Branchen, in denen sich die Unternehmen befinden, gibt es ein breites Spektrum an Daten und Botschaften, die über das Unternehmen ausgetauscht werden. Jede Form von Informationsaustausch, welche sich inhaltlich mit dem Unternehmen beschäftigen, wird als interne oder externe Kommunikation bezeichnet. Je nachdem, wer der Adressat oder Empfänger dieser Nachrichten ist oder welcher Zweck die Überbringung der Nachricht erfüllen soll, wird zwischen der internen und externen Kommunikation unterschieden. Somit richtet sich die externe Kommunikation nach außen an die Öffentlichkeit oder auch an Kunden. Diese stellt eine große Verbindung zum Marketing her, welches hierfür eingesetzt wird. Die interne Kommunikation ist das Gegenstück zur externen Kommunikation und bedeutet, wie das Wort schon verrät, die Kommunikation, welche innerhalb des Unternehmens abläuft und nur Personen mit direkten Unternehmensbezug betrifft. Im folgenden Abschnitt werden die beiden verschiedene Kommunikationsarten genauer erläutert.[17]

Interne Kommunikation

Wie bereits erwähnt, meint die interne Kommunikation, die Kommunikation im Unternehmen, welche die gegenseitige Nachrichtenvergabe zwischen Mitarbeitern, Führungskräften und der Geschäftsführung bezeichnet. Allgemein soll die interne Kommunikation dazu beitragen, dass Prozesse im Unternehmen einfacher ablaufen können und die Schnittstellen passen. Zudem dient sie zur Verarbeitung von Informationen, sodass die hohen Mengen an Informationen und Daten bei einer guten Kommunikation nicht verloren gehen können. Im weiteren Blickwinkel dient eine gute interne Kommunikation der Wettbewerbsfähigkeit und somit auch dem Unternehmenserfolg. Um dies näher zu betrachten ist der interne Austausch besonders wichtig, damit mit allen Mitarbeitern das Wissen geteilt wird. Demzufolge kann nicht geteiltes Wissen zu Schwachstellen führen, indem Prozesse nicht richtig ausgeführt oder verbessert werden können, was durch die Konkurrenz ausgenutzt werden kann und den Erfolg mindert. Gerade im Hinblick auf die Fluktuation von Mitarbeitern kann es zu einem hohen Verlust von Informationen

---

[17] Vgl. Dietz/Mötzing/Wolf/Kochhan/Schnuk (2019), S. 23-24.

kommen, wenn diese nicht dokumentiert sind oder an andere Mitarbeiter weitergegeben wurden. Ein Großteil von Informationen und Wissen besteht nur in den Köpfen der Mitarbeiter, daher ist ein ständiger Austausch und das Protokollieren von hoher Bedeutung, damit dieses Wissen im Unternehmen bleibt und für alle verfügbar gemacht wird. Gerade in größeren Unternehmen mit vielen Mitarbeitern stellt es eine Herausforderung dar, dass das Wissen an möglichst viele oder sogar alle weitergegeben. In kleinen Unternehmen ist die Nähe zueinander besser gegeben und es besteht ein leichterer Austausch, wodurch die Informationsweitergabe vereinfacht wird. Im Umkehrschluss kann es jedoch ebenfalls dazu kommen, dass eine Unzufriedenheit beispielsweise bei den Mitarbeitern entsteht, da eine schlechte interne Kommunikation besteht und die Mitarbeiter aus diesem Grund das Unternehmen verlassen.[18]

Innerhalb eines Unternehmens gibt es verschiedene Gruppen, welche miteinander kommunizieren. Diese sind die Geschäftsleitung, Führungskräfte, Betriebsräte und Mitarbeiter. Die einzelnen Gruppen tragen in den meisten Fällen ähnliche Inhalte aneinander, welche unabhängig von der Branche sind. Die Geschäftsführung trägt an die Führungskräfte informative Inhalte, wie Arbeitsabläufe und Prozessverbesserungen heran. Führungskräfte sind ein Bindeglied zwischen der Geschäftsführung und den Mitarbeitern, wobei inhaltliche und sozial-emotionale Informationen ausgetauscht werden. Ebenfalls dient auch der Betriebsrat als Bindeglied zwischen der Geschäftsleitung und den Mitarbeitern, indem Unternehmensveränderungen und Arbeitsnehmerinteressen kommuniziert werden. Die verschiedenen Gruppen müssen darauf achten, dass sie sich so ausdrücken, dass die unterschiedlichen Gruppen die gesendeten Botschaften verstehen. Für die verschiedenen Konstellationen, wie die Gruppen miteinander kommunizieren, gibt es verschiedene Bezeichnungen. Zur Weitergabe dieser Informationen kann ebenfalls das passende Kommunikationsinstrument hilfreich sein. Bei der Abwärtskommunikation berichtet die Geschäftsleitung an die Mitarbeiter und Führungskräfte. Das Ziel hierbei ist, dass viele Mitarbeiter informiert werden sollen, wobei keine Mitbestimmung erforderlich ist. Dies ist eine Kommunikation, welche in einem kleinen Zeitfenster erfolgen soll, sodass alle Personen schnell die entsprechende Nachricht erhalten. Zur Hilfe stehen hier Newsletter, Betriebsversammlungen oder auch Unternehmensberichte. Bei der Aufwärtskommunikation kommunizieren Mitarbeiter an die Geschäftsleitung. Die Führungskräfte dienen hier als Bindeglied. Die aus dieser resultierenden Kommunikation erfolgende Einschätzung der Nachricht kann den Mitarbeitern ein Gefühl von Vertrauen und Wertschätzung geben. Hilfsmittel dieser Kommunikation sind persönliche Gespräche, Notizen oder auch Mitarbeiterbefragungen. Zuletzt gibt es noch die horizontale

---

[18] Vgl. Bruhn (2014), S. 1121.

Kommunikation. Diese besteht innerhalb einer Gruppe oder bei keiner klaren Gruppeneinteilung. Diese ist wichtig für den Austausch von Knowhow. Kommunikationsinstrumente wie das Intranet, Seminare oder Gruppengespräche können hierfür gut eingesetzt werden. Bei der horizontalen Kommunikation muss es sich nicht um eine geplante Kommunikation handeln, sondern es kann auch eine Art Flurfunk sein, bei der Informationen ausgetauscht werden.[19]

Die interne Kommunikation gliedert sich in zwei Bereiche. Die aufgabenbezogene Kommunikation bezeichnet die Kommunikation, die sich inhaltlich auf die Prozesse, Arbeitsabläufe und Unternehmensziele bezieht und somit die Kommunikation über die Unternehmensvision widerspiegelt. Diese Form der Kommunikation hat das Ziel die Unternehmensziele besser zu erreichen. Noch wichtiger ist jedoch die sozial-emotionale Kommunikation, die sich auf die Kommunikation auf zwischenmenschlicher Ebene bezieht. Beide Formen der Kommunikation müssen ausgeglichen und im Gleichgewicht vorhanden sein. Es ist wichtig, dass die Mitarbeiter die Informationen so erhalten, dass sie sich besser mit dem Unternehmen identifizieren können. Dies schafft eine höhere Motivation und Engagement die internen Prozesse zu verbessern. Zur folge dessen besteht ein besserer Austausch an Informationen, da die Mitarbeiter gezielter miteinander zusammenarbeiten. Indirekt werden die Unternehmensziele auf diese Weise automatisch erreicht, da der Erfolg motivierter und engagierter Mitarbeiter höher liegt. Innerhalb der internen Kommunikation soll erreicht werden, dass Mitarbeitern den Aussagen vertrauen und die Glaubwürdigkeit des Unternehmens nicht infrage stellen. Das ist unter anderem davon abhängig, auf welche Art und Weise Informationen weitergegeben werden. Mitarbeiter bauen ein besseres Vertrauen auf, wenn sie sehen, von wem die Nachrichten gesendet werden und wer den Austausch der Daten steuert. Dadurch soll gestärkt werden, dass das ausgetauschte Wissen die Mitarbeiter zusammenbringt und mit einem gemeinsamen Verständnis das Zusammenarbeiten herbeiführt.[20]

Externe Kommunikation

Die externe Kommunikation richtet sich nach außen, also an alle Personen, welche nicht an den internen Prozessen des Unternehmens beteiligt sind. Mit dieser Form von Kommunikation soll die Öffentlichkeit mit den wichtigsten Informationen eines Unternehmens versorgt werden. Diese Informationen dienen dem äußeren wahrgenommenen Bild des Unternehmens, sowie die verpflichtenden und zu veröffentlichenden Daten wie beispielsweise Jahresberichte. Die externe Unternehmenskommunikation wird in das Marketing und die politische Kommunikation unterteilt. Das Marketing dient als Presse- und

---

[19] Vgl. Mast (2013), S. 237-239.
[20] Vgl. Mast (2013), S. 223-227.

Marketingcenter für das Unternehmen und geht proaktiv mit Informationen und forschen-
den Fragen auf das Unternehmen zu. Zudem hat das Unternehmen ebenfalls selbst die
Möglichkeit Informationen oder Fragen zu liefern. Aufgrund von Angst gehen viele Unternehmen aber nicht eigenständig auf die Presse zu. Insgesamt wird die externe Kommunikation zwischen aktiver und reaktiver Kommunikation unterschieden. Bei der akti-
ven Kommunikation teilt das Unternehmen aus eigenem Interesse Informationen mit,
welche an die Bevölkerung weitergetragen werden sollen. Hingegen geht die Presse bei
der reaktiven Kommunikation auf die Unternehmen zu und erfragt Neuigkeiten für die
Öffentlichkeit. Für diese Kommunikation werden in Unternehmen extra verantwortliche
Personen eingesetzt, die sich um den Austausch zwischen der Presse und dem Unternehmen kümmern. Diese müssen sensibel mit der Weitergabe oder Ausdrucksform von
Daten umgehen können, da eine falsch ausgewählte Kommunikationsform negative Folgen für das Unternehmen haben kann. Aus diesem Grund ist ein regelmäßiger Austausch zwischen dem Pressesprecher des Unternehmens und der Leitung wichtig.[21]

Da in den Unternehmen verschiedene Inhalte an unterschiedliche Adressaten gerichtet
werden, ist es wichtig das der Pressesprecher die weiterzugebenden Informationen richtig versteht und diese sinngemäß wiedergeben kann. So erfordern gleiche Inhalte unterschiedliche Ausdrucksweisen, dass alle Zielgruppen ein richtiges Verständnis haben.
Innerhalb des Marketings werden verschiedene Informationen und Daten an die Öffentlichkeit getragen. Als Hauptmittel werden hierfür Pressemitteilungen genutzt. Klassische
Presseartikel sind immer gleich aufgebaut. So empfängt der Sender am Anfang immer
klar die Hauptinformationen und am Ende der Nachricht die Einzelheiten. Damit die Inhalte richtig wiedergegeben werden, sollten während den Interviews Rückfragen über
das Verständnis gestellt werden, da im Nachgang keine Absprache über den veröffent-
lichten Inhalten mehr erfolgen muss. Die externe Kommunikation kann über verschiedene Medien und Fachzeitschriften genutzt werden. Diese sind Unternehmensmedien,
Nachrichtenagenturen oder Fachzeitschriften. Welches Medium genutzt wird, ist von der
zu übergebenden Information abhängig. Soziale Netzwerke werden immer stärker genutzt, um schnell extern zu kommunizieren. Unternehmen nehmen die Verbreitung der
jeweiligen Informationen häufig selbst in die Hand und nutzen dafür Medien wie Twitter
oder LinkedIn. So haben die Verantwortlichen die eigene Kontrolle über die Berichterstattung und können mögliche Fehlermeldungen vermeiden. Somit können die Botschaften richtig vermittelt und gezielte Adressatengruppen erreicht werden.

Oft wird die externe Kommunikation kritisch angesehen, da Unternehmen möglicher-
weise nur die Informationen nach außen tragen, welche für ein gutes Image wirken.

---

[21] Vgl. Lindenstein (2019), S. 165-168.

Daher ist es wichtig, dass ein regelmäßiger Austausch stattfindet, damit Transparenz, Glaubwürdigkeit und Vertrauen in der Gesellschaft geschaffen werden kann. Somit muss das Unternehmen auch kritische Nachrichten weitergeben. Diese sollten aber souverän weitergegeben werden. Generell ist es bedeutsam, dass die Mitarbeiter des Unternehmens Vertrauen in das eigene Unternehmen haben. Dies wird bestärkt, indem sie vorab über Neuigkeiten informiert werden und dies nicht aus der Presse erfahren. Zudem sollen Daten klar verbreitet werden, damit keine Unstimmigkeiten auftauchen und Zweifel aufkommen.[22]

---

[22] Vgl. Bruhn/Esch/ Langner (2016), S. 13-15.

Literaturverzeichnis

Aengenhyster, S., Dörr, K. (Hrsg.) (2019): *Praxishandbuch IT-Kommunikation*. Berlin: Springer Verlag.

Becker, A. (2001): *Zukunftsfähige Politik: volkswirtschaftliche, ökologische und soziale Aspekte vernetzt*. München: Ökonom Verlag.

Bruhn, M. (2014): *Unternehmens- und Marketingkommunikation. Handbuch für ein integriertes Kommunikationsmanagement* (3. Aufl.). München: Vahlen Verlag.

Bruhn, M., Esch, F., Langner, T. (2016): *Handbuch Instrumente der Kommunikation – Grundlagen – Innovative Ansätze – Praktische Umsetzungen* (2. Aufl). Wiesbaden: Springer Gabler Verlag.

Bundesministerium für Arbeit und Soziales: *CSR-Berichtspflicht für Unternehmen seit 2017*. Zugriff am 09.11.2021. Verfügbar unter https://www.csr-in-deutschland.de/DE/Politik/CSR-national/Aktivitaeten-der-Bundesregierung/CSR-Berichtspflichten/csr-berichtspflichten.html

Bundesministerium für Arbeit und Soziales: *Nachhaltigkeit und CSR*. Zugriff am 09.11.2021. Verfügbar unter https://www.csr-in-deutschland.de/DE/Was-ist-CSR/Grundlagen/Nachhaltigkeit-und-CSR/nachhaltigkeit-und-csr.html;jsessionid=0850A613A67E7CF160F10F6F791F3F7C

Bundesministerium für Arbeit und Soziales: *Standards der CSR-Berichterstattung*. Zugriff am 09.11.2021. Verfügbar unter https://www.csr-in-deutschland.de/DE/Unternehmen/CSR-Berichterstattung/Standards/standards-artikel.html

Bundesministerium für Arbeit und Soziales: *Woran erkennt man einen qualitativ hochwertigen Nachhaltigkeitsbericht?* Zugriff am 09.11.2021. Verfügbar unter https://www.csr-in-deutschland.de/DE/Unternehmen/CSR-Berichterstattung/Kriterien-guter-Berichterstattung/guter-csr-bericht.html

Corsten, H., Roth, S. (2012): *Nachhaltigkeit als integriertes Konzept*. In Corsten, H., Roth, S. (Hrsg.): *Nachhaltigkeit. Unternehmerisches Handeln in globaler Verantwortung* (S.1-13). Wiesbaden: Springer Gabler Verlag.

Corsten, H., Roth, S. (Hrsg.) (2012): *Nachhaltigkeit. Unternehmerisches Handeln in globaler Verantwortung*. Wiesbaden: Springer Gabler Verlag.

Dietz, J., Mötzing, S. Wolf, S., Kochhan, C., Schnuk, H. (2019): *Interne Kommunikation in kleinen und mittleren Unternehmen. Eine qualitative Analyse in Print- und Digitalunternehmen*. Wiesbaden: Springer Gabler Verlag.

Hauff, M. (2007): *Die Zukunftsfähigkeit der Sozialen Marktwirtschaft.* Marburg: Metropolis.

Hauff, M., Kleine, A. (2009): *Nachhaltige Entwicklung. Grundlagen und Umsetzung.* München: Oldenbourg Verlag.

Hauff, M. (2007): *Von den Sozialen zur Nachhaltigen Marktwirtschaft.* In Hauff, M. (Hrsg.): *Die Zukunftsfähigkeit der Sozialen Marktwirtschaft* (S. 349-392). Marburg: Metropolis.

Handelskammer Bremen: *Was ist Corporate Social Resposibility?* Zugriff am 09.11.2021. Verfügbar unter https://www.handelskammer-bremen.de/beraten-informieren2/gesellschaftliche-verantwortung/corporate-social-responsibility/corporate-social-responsibility-eine-definition-1305894

Helmond, M. (2021): *Corporate Social Resposibility (CSR) und Ethik im Lieferantenmanagement.* In Helmond, M. (Hrsg.). *Innovatives Lieferantenmanagement. Wertschöpfung in globalen Lieferketten* (S.141-159). Wiesbaden: Springer Gabler Verlag.

Helmond, M. (Hrsg.): *Innovatives Lieferantenmanagement. Wertschöpfung in globalen Lieferketten.* Wiesbaden: Springer Gabler Verlag

IHK München (2017): *Merkblatt CSR Berichtspflicht.* Verfügbar unter https://www.ihk-muenchen.de/ihk/documents/CSR-Ehrbarer-Kaufmann/Merkblatt-CSR-Berichtspflicht_aktualisiert_final.pdf

Kopfmüller, J. (2001): *Nachhaltige Entwicklung integrativ betrachtet: konstitutive Elemente, Regeln, Indikatoren.* Berlin: Ed. Sigma.

Lindenstein, A. (2019): *Externe Unternehmenskommunikation als Erfolgsfaktor für die IT-Organisation.* In Aengenhyster, S., Dörr, K. (Hrsg.): *Praxishandbuch IT-Kommunikation* (S.165-179). Berlin: Springer Verlag.

Mast, C. (2013): *Unternehmenskommunikation* (5. Aufl.). Stuttgart: UTB Verlag.

Schmidtpeter, R. (2015): *Unternehmerische Verantwortung - Hinführung und Überblick.* In Schneider, A., Schmidtpeter, R. (Hrsg). *Corporate Social Resposibility. Verantwortungsvolle Unternehmensführung in der Theorie und Praxis* (2. Aufl.) (S. 1-18). Wiesbaden: Springer Gabler Verlag.

Schneider, A., Schmidtpeter, R. (Hrsg). (2015): *Corporate Social Resposibility. Verantwortungsvolle Unternehmensführung in der Theorie und Praxis* (2. Aufl.). Wiesbaden: Springer Gabler Verlag.

Zimmermann, F. M. (2016): *Nachhaltigkeit wofür?* Berlin Heidelberg: Springer.